AF247136

QUESTIONS

SUR

LA LOI DES ÉLECTIONS,

DU 5 FÉVRIER 1817;

1°. Y A-T-IL NÉCESSITÉ DE RÉVOQUER CETTE LOI? (Oui.)
2°. PEUT-ON LA RÉVOQUER AUJOUR'D'HUI? (Non.)
3°. SI ON NE LE PEUT PAS, QUE FAUT-IL FAIRE? (Lisez.)

PAR M. C. P. DUCANCEL,

ANCIEN SOUS-PRÉFET ET AVOCAT À LA COUR ROYALE
DE PARIS.

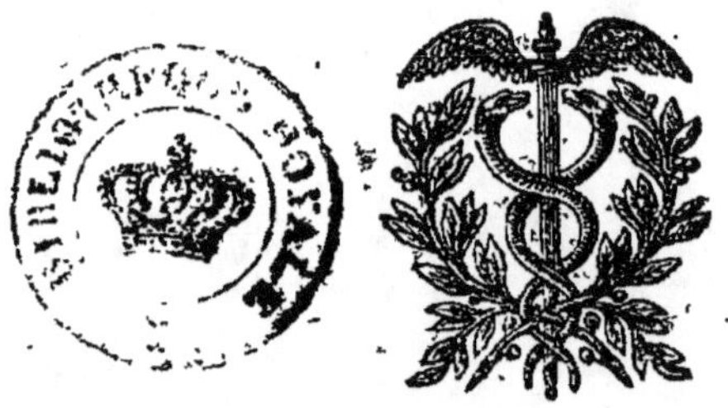

CHEZ {
LENORMANT, Imprimeur-Libraire, rue de Seine, faubourg Saint-Germain, n°. 8;
ÉVERAT, Imprimeur de la *Bibliothèque Royaliste*, rue du Cadran, n°. 16;
DENTU, Imprimeur-Libraire, au Palais-Royal.
}

Et chez tous les Marchands de Nouveautés.

———

DÉCEMBRE 1819.

DE L'IMPRIMERIE D'ÉVERAT, RUE DU CADRAN, N°. 16.

AVERTISSEMENT.

Membre d'un Collége Électoral de la première série convoquée en 1817, j'ai assisté
à la première épreuve de la Loi sur les Élections , et j'ai de suite rassemblé dans ce petit
écrit les pénibles réflexions que cette épreuve
m'a suggérées. Je les aurais livrées alors à l'im-
pression; mais la presse n'était pas libre.

Au mois de janvier dernier , la proposition
de M. de Barthélemy , adoptée à la Chambre
des Pairs , agitait tous les esprits. A cette
époque j'ai cru qu'il convenait de publier mes
Questions sur la Loi des Élections , dans la
Bibliothèque royaliste. La première partie de
mon travail a paru , en effet , dans la 6e. livrai-

son de ce recueil, vol. Ier., p. 447. et suiv.; mais l'intérêt de la matière s'étant évanoui avec le rejet de la proposition du Noble Pair par la Chambre des Députés, les deux autres parties de mon écrit sont restées dans mon porte-feuille.

Aujourd'hui le discours de la Couronne vient de réveiller toutes les passions sur une loi désastreuse : j'ai pensé que, comme citoyen français et ancien administrateur, *momentanément* honoré de la confiance de mon Roi, je devais au public, dans les graves circonstances où nous sommes, le tribut de mes réflexions sur un sujet qui touche si essentiellement aux destinées de la Monarchie (1).

Je prie le lecteur de ne pas oublier que

---

(1) Les deux dernières parties de cet écrit, vont être, sur la demande des rédacteurs, insérées dans la 19e. livraison de la *Bibliothèque Royaliste*, pour donner aux souscripteurs de ce recueil le complémnt de l'opinion de M. Ducancel. On souscrit pour la *Bibliothèque Royaliste*, à Paris, chez le Normant, Imprimeur, et chez Éverat, aussi Imprimeur, rue du Cadran, à raison de 10 fr. le vol. franc de port, distribué en 3 livraisons chacune de 10 feuilles in 8°., qui paraissent régulièrement tous les mois.

ce qu'il va lire a été écrit au MOIS DE NOVEMBRE 1817, et qu'en le publiant, en décembre 1819, je n'ai pas changé un seul mot à mon écrit. J'aurais pu, par exemple, supprimer, dans le développement de la première question, tout ce qu'il y a de personnel à M. Lainé; mais j'ai de la franchise. M. Lainé prouve noblement tous les jours qu'il en a aussi dans son caractère; j'aurais cru l'offenser, si j'avais adouci quelques-uns des traits que, sans passion, j'ai lancés sur lui. Il a trop d'élévation dans l'âme pour se formaliser de quelques réflexions inspirées par ses propres erreurs. Quand on a, comme lui, la force de les avouer et le talent de les réparer, comment ne permettrait-on pas a un honnête homme de les combattre? M. Lainé, s'il daigne jeter les yeux sur cet écrit, y verra du moins que je n'ai jamais cessé de l'estimer, même dans un tems où, cédant à l'entraînement de l'Ordonnance du 5 septembre 1816, il m'a frappé de destitution sans m'avoir entendu. Alors le bandeau était collé sur ses yeux; le bandeau est tombé. M. Lainé sert aujourd'hui la Monarchie, comme il l'a servie en 1814, et dans les cent jours. M. Lainé est et sera toujours l'objet de ma vénération.

Il me reste à prévenir le lecteur qu'en cherchant à résoudre mes *Questions sur la Loi des Élections* dans l'intérét de la Monarchie, je ne propose aucun changement ni à la Charte, ni à la Loi. J'ai cherché à dérober aux factieux un nouveau prétexte pour bouleverser la France. Ils tiennent religieusement à leur loi ; je la leur laisse dans toute son intégrité, mais en même-temps j'essaye d'en signaler les lacunes ; et en les remplissant, je crois prévenir les calamités qui découlent de sa rédaction incomplète. Me suis-je bercé d'une vaine chimère ? Cela se peut : le public en jugera.

QUESTIONS

SUR

LA LOI DES ÉLECTIONS,

DU 5 FÉVRIER 1817.

QUESTIONS.

1°. Y a-t-il nécessité de révoquer la loi ?

2°. Y a-t-il possibilité de la révoquer, aujourd'hui (novembre 1817) ?

3°. Si on ne le peut pas, que faut-il faire ?

Voilà trois questions importantes, et dont la solution renferme les destinées de la France, on peut dire même celles de l'Europe.

PREMIÈRE QUESTION.

Y a-il nécessité de révoquer la loi?

Quand M. Lainé a présenté, en 1816, après la fatale ordonnance du 5 septembre, sa loi sur les élections, il était plein de souvenirs amers et d'irritations contre la Chambre de 1815. Il avait cru voir, dans la majorité de cette Chambre, une disposition à ébranler les propriétés dites *nationales*, les fortunes nées de la révolution, et les institutions créées par la Charte. Jugeant de l'esprit des Colléges électoraux par celui qu'il supposait, bien gratuitement, aux députés de 1815, il s'était imaginé que, si les anciens Colléges de département étaient conservés, la Charte allait être déchirée, et que la guerre civile allait s'allumer avec ses débris. On voit que j'attribue à M. Lainé des intentions pures. Il me serait difficile d'être aussi généreux à l'égard de quelques-uns de ses Collègues.

M. Lainé s'est donc décidé à renverser l'ancien système électoral, lorsqu'il suffisait, pour le perfectionner, de quelques modifications dans son ensemble, et de quelques épurations dans sa composition individuelle. A ce système qui avait été fortement conçu par son auteur, parfaitement adapté à la nature d'un Gouvernement monarchique, et que quinze années d'épreuves avaient, en quelque sorte, nationalisé, M. Lainé en substitue un nouveau, qu'il étaie sur une pointillerie de palais, en donnant au texte précis de la Charte un sens matériellement contraire à son esprit.

Il suppose que tous les contribuables de 300 francs et au-dessus sont, de droit, les seuls électeurs appelés à nommer, sans intermédiaire, les Députés D'un seul mot, il frappe d'incapacité politique la classe innombrable des contribuables au-dessous de 300 fr., et d'impuissance politique, la classe des plus fort-imposés, qui, sous le régime impérial, nommaient la presque totalité des candidats au Corps-Législatif.

- Cette étrange interprétation de la Charte se combinait parfaitement avec l'idée fixe de M. Lainé. En réduisant les moins imposés à la condition des Ilotes, il croyait garantir la Monarchie des excès populaires qui l'avaient renversée, en 1792. En neutralisant l'influence des plus fort-imposés, il croyait fermer toute espèce de voie de retour aux anciennes institutions. En plaçant dans la classe des contribuables intermédiaires toute la force politique du peuple, il croyait confier le dépôt sacré de la Charte aux hommes les plus intéressés à son maintien.

M. Lainé s'est grossièrement fourvoyé dans ses calculs. D'abord, il a attribué aux plus fort-imposés des sentimens et des principes démentis par leur noble caractère. La majorité de la Chambre de 1815 se composait d'hommes véritablement indépendans, qui étaient démeurés constamment isolés et obscurs, pendant toutes nos agitations politiques ; d'hommes recommandables par leurs vertus privées, par leur éducation, par la considération personnelle dont ils jouissent, par leur aversion prononcée contre toute espèce de révolution populaire, par un attachement invariable à la Religion et au Trône. Supposer, dans de tels hommes, l'arrière-pensée de renverser la Charte, de se mettre en opposition avec le Roi et son auguste Famille, ce n'était pas seulement une insulte gratuite à leur faire, c'était (qu'on nous passe l'expression) un véritable délire.

Ensuite, M. Lainé sait-il à qui il s'adresse, quand il confie le dépôt de la nouvelle Constitution aux con-

tribuables intermédiaires ? A des hommes qui, presque tous, ont juré douze constitutions successives. Il
ne veut plus de révolutions ; et précisément il donne
toute la puissance politique à des hommes qui ont con-
couru à douze révolutions, plus ou moins sanglantes.
Il veut le maintien de la Dynastie royale (car je lui
accorde, avec conviction, cet honorable sentiment); et
il livre le sort des Bourbons aux mains de ceux qui
ont coopéré par leur silence, ou applaudi par leurs
écrits, ou participé par leurs actions, à la chute du
trône et au supplice de Louis XVI. M. Lainé (admi-
rons sa bonhomie) croit que les hommes riches des
dépouilles du Clergé , de la Noblesse et du trône de
Saint Louis, sont intéressés au maintien d'une Charte
qui déclare, en principe , que la Famille de Saint-
Louis est la famille régnante ; que la Religion catho-
lique est la Religion de l'État ; que l'ancienne Noblesse
est propriétaire de ses biens non vendus , et admissible
à la Chambre des Pairs par le seul fait de ses anciens
titres ! M. Lainé croit que des hommes qui se sont
enrichis dans le désordre , seront les plus fermes soutiens de l'ordre ; que des hommes habitués, comme
on dit , *à pécher en eau trouble* , se décideront à jeter
leurs filets dans *l'eau claire* ; que des hommes dont
la cupidité n'a pas de frein , se contenteront de ce qu'ils
ont acquis, et renonceront à l'idée d'accroître leur
butin. M. Lainé , avec tout son esprit , ne connaît pas
le proverbe populaire : *qui a bu boira.*

Enfin, M. Lainé refuse toute espèce de droits de cité
à cette immense classe de petits contribuables au-des-

sous de 3oo francs , sans calculer que c'est présisément dans cette catégorie que se trouvent un grand nombre de partisans de la Dynastie , parce que c'est là où les intérêts révolutionnaires sont à peu près nuls ; c'est là où la tyrannie de Napoléon s'est le plus appesantie ; c'est là , enfin , où le souvenir de nos antiques hiérarchies s'est le moins effacé. Ayant été accoutumée , de tout temps , au frein de l'obéissance ; étant moins corrompue que la classe intermédiaire , par les progrès du luxe et ceux de l'irréligion , elle pouvait être , avec la classe des plus fort-imposés , le double appui de la légitimité. Eh bien! c'est précisément ces deux classes dévouées au Trône que M. Lainé frappe de nullité politique ! M. Lainé doit verser des larmes de sang sur ses erreurs.

Pourquoi n'a-t-il pas voulu méditer un peu plus l'histoire des deux Chambres de Buonaparte ? Pourquoi cette leçon si terrible , qui devait lui donner la mesure de l'opinion publique , pourquoi cette leçon a-t-elle été si tôt oubliée par les Ministres du Roi ? L'histoire des deux Chambres de Buonaparte aurait dû être constamment placée sur les bureaux du Conseil des Ministres. Chacun d'eux aurait dû en avoir constamment un exemplaire sous les yeux. C'est là que M. Lainé et tous ses collègues auraient dû chercher le texte décisif de toutes leurs discussions. Ils y auraient vu que les Représentans de la Chambre de Buonaparte avaient été nommés précisément par des contribuables à trois cents francs , dans les Colléges d'arrondissement , et par une minorité factieuse d'électeurs départementaux, qui presque tous appartenaient à la catégorie des moyens-imposés. Ils y auraient vu qu'un seul député, après la bataille de Waterloo et l'abdication de Buonaparte, avait osé élever la voix en faveur des Bourbons, et qu'il fut renvoyé à l'hôpital des fous ; ils y auraient vu que tous voulaient bien un Roi, quel qu'il fût, pourvu qu'il ne fût pas choisi dans la famille légitime.

Que dis-je ? M. Lainé a, en effet, consulté l'histoire de la Chambre des Cent-jours, puisqu'il a choisi un bon nombre de ces Messieurs pour présider les Colléges de 1817 . . . . . . Ici je m'arrête.... Les douloureuses réflexions qui se présentent en foule à mon esprit me conduiraient trop loin. M. Lainé a sans doute cherché à être conséquent avec lui-même, en plaçant les électeurs des Cent-jours sous la Présidence de leurs orateurs.......

Examinons maintenant la loi des élections dans son exécution. Nous nous tairons sur tout ce qui s'est passé à Paris. Cette capitale sort de la règle ordinaire ; elle est placée sous la domination immédiate du Ministère, qui, cependant, a eu l'occasion de reconnaître sa faiblesse dans les différentes luttes violentes dont nous avons été les témoins. Nous porterons nos regards sur les Colléges électoraux des départemens. On ne nous contestera pas, en fait, que sur un Collége électoral composé de douze cents électeurs, huit cents tout au plus se sont rendus aux élections. Cette circonstance donne déjà le calcul des *insoucians*, pour qui la chose publique a, dans tous les temps, été une abstraction :

il n'y a pas d'intrigans dans cette classe. L'ensemble des individus qui la composent forme une masse imposante de bonnes gens, dociles à la loi, quelle qu'elle soit; et cette masse, si elle pouvait s'ébranler, aurait pu fortifier le parti des amis de l'ordre, de la Religion et du trône : c'est autant de perdu pour le Roi.

Il faut donc considérer que la loi sur les élections n'appellera dans les Colléges que deux tiers à peu près des contribuables électeurs.

Eh bien! on a remarqué l'extrême embarras de loger ces deux tiers dans le chef-lieu du département. Nous affirmons, comme témoin oculaire, que, dans un chef-lieu, le maire avait eu la précaution de distribuer les électeurs par billets de logement chez les bourgeois; et que nous avons eu l'occasion de nous assurer qu'après le N°. 500, tous les logemens dans les auberges et dans la ville étaient occupés. Le reste a été forcé de se disséminer dans les villages voisins; et si la totalité des électeurs se fût présentée, il aurait fallu les camper sous des tentes sur la place publique. Cet inconvénient de localité n'a pas été dissimulé au Ministère, dans la discussion de la loi, en 1817.

Dans le même Collége électoral, au premier tour de scrutin, sur huit cents électeurs, cinq cents ont nommé un *libéral* de gros calibre, riche possesseur de biens nationaux et député des Cent-jours, resté inébranlable à son poste juqu'à l'arrivée de Blucher. Le Ministère avait cependant dirigé toutes ses batteries contre ce candidat, qui avait eu la sacrilège audace de le bafouer dans un pamphlet. Malgré le Ministère, malgré la ligue des Royalistes, cet homme, du premier assaut, a emporté la citadelle. Les candidats du Ministère ont réuni cinquante voix, ceux des Royalistes environ deux cents, et le surplus s'est perdu sur des individus sans prétention.

Nous avons encore, comme témoin oculaire, recueilli, lors de la réunion du même Collége, diverses anecdotes assez curieuses et qui sont bonnes à connaître.

1°. Un parti peu nombreux portait un ex-Général en demi-solde. Dans un café du chef-lieu, bien connu pour être la réunion des mécontens, le parti disait publiquement : « *Il faut nommer le Général .. c'est un Buon.... celui-là, qui nous ramènera la cocarde tricolore* ».

2°. Des cultivateurs, enchantés de la nomination du Député des Cent-jours, disaient hautement dans les rues : « *Au moins, j'avons nommé un bon Répu-* « *blicain !* »

3°. Presque tous les fermiers disaient à l'unisson : « *Il nous faut des indépendans! Nous sommes,* » *nous, des gens indépendans* ». Remarquez bien que plusieurs d'entre eux ne savent ni lire ni écrire. Ils sont *jacobins* invétérés. On leur a dit que le mot avait vieilli, et que, dans le vocabulaire moderne, il était remplacé par le mot *indépendans*.

4°. On n'a point crié tout-à-fait à bas les Nobles ! à bas les Prêtres ! mais on a employé l'équivalent, en disant : « *Nous ne voulons pas de Nobles, pas* « *de Dévots, pas de Concordat, pas d'Evéques*, etc » »

5°. Un Royaliste, s'adressant à un paysan Electeur, lui demandait comment, avec la haine qu'il portait aux nobles, il pouvait donner sa voix à un candidat ancien noble, qui avait un parti puissant, uniquement pour avoir été aussi Député des Cent-jours, et qui, de plus, avait été l'élève de Jean-Jacques. « *Ah!* répond le quidam, *pour celui-là, c'est différent :* « *c'est l'élève de Jean-Jacques; c'est l'homme de la* « *nature !* » Un paysan grossier, qui ne sait pas signer son nom, connaît Jean-Jacques et la nature ! !... En revanche, il ne sait pas s'il y a un Dieu, et bien moins encore s'il y a une autre vie ! ! ...

D'après cette affreuse expérience de la loi sur les Elections, de bonne foi, peut-on résister à la fatale conviction que les Bourbons ont, pour ennemis acharnés et furieux, à peu près les deux tiers des Electeurs actuels. Pendant toutes les révolutions que nous avons parcourues depuis 30 ans, il n'y avait guère que les contribuables citadins qui se mêlassent des affaires politiques, et qui attachassent quelque importance à l'exercice du droit de cité. Aujourd'hui, voilà tous les paysans cultivateurs, nourrisseurs et planteurs, détournés, par M. Lainé, de leurs occupations champêtres, et aggrégés aux citadins. Ils se sont mesurés avec les familles anciennes, dont jusqu'alors ils ne s'approchaient qu'à une distance respectueuse. Ils ont connu leur nombre et leur force, ainsi que la trop réelle impuissance des plus fort-imposés. Il est hors de doute qu'après le renouvellement de la cinquième série de la Chambre des Députés, cette Chambre sera toute entière composée de représentans des Cent jours. Cela est inévitable, si le

système électoral est conservé. C'est alors que se réa-
liseront les sinistres présages élevés, sur ce système,
par tous les orateurs des deux Chambres qui l'ont
combattu, en 1817. Que dis-je? Nous n'attendrons
pas la cinquième série pour être témoins de la catas-
trophe. Les trésors de nos banquiers sont ouverts aux
Indépendans. Que la Chambre actuelle soit dissoute,
comme ils le demandent à grands cris, dissolution
qui paraît d'ailleurs inévitable ; vous les verrez maî-
triser et dicter les élections..... Que deviendra alors
notre Monarque ? Que deviendront nos Princes ? Que
deviendra la Monarchie ?

Ah ! pourquoi nous dissimuler les dangers de notre
position ? Le plan des Indépendans n'est pas équivoque.
Ils veulent une guerre civile. Déjà au mois de juin 1817,
ils ont tenté de l'allumer à Lyon. Elle devait embraser
les 40 départemens de l'Est et du Midi, c'est-à-dire
moitié de la France. Quand les Indépendans seront en
force dans la Chambre, si le Roi ose les dissoudre, ils
iront se réfugier à Lyon ou dans toute autre ville cen-
trale des départemens insurgés. Là, ils achèveront
cette Constitution commencée dans la Chambre re-
belle, interrompue par l'artillerie de Blucher, mais
dont tous les articles sont dans le porte-feuille de
quelques-uns de nos bons Représentans des Cent-jours,
aujourd'hui Députés. Puis, dispensateurs de la Couronne, ils l'offriront, non pas à un Bourbon ; cette
race est *abâtardie* ; jamais, suivant eux, elle ne voudra franchement le maintien des institutions nouvelles.
Ils appelleront au trône Napoléon II, sous la régence

du Prince Eugène, afin de se fortifier du parti très-nombreux des Bonapartistes français et étrangers. Au refus de Napoléon II, la Couronne sera dévolue à tout autre qui voudra se prosterner sous la puissance populaire. Ainsi, nous aurons deux Législatures et deux Familles régnantes.

Au dehors, cette guerre civile jettera infailliblement la division parmi les Souverains alliés, qui ne peuvent pas, dans tous les cas, rester spectateurs oisifs de la lutte. Alors l'Europe est en feu, pour la troisième fois, sur tous les points. Où s'arrêtera ce vaste et terrible incendie, dont la première étincelle aura jailli du cerveau d'un Ministre imprudent, quoique de bonne foi?

Point de doute qu'il ne faille, sans délai, révoquer la loi sur les élections. Mais le peut-on? C'est la deuxième question.

DEUXIÈME QUESTION.

Peut-on révoquer la Loi aujourd'hui (Novembre 1817)?

Si on se décide à proposer, en 1817, la révocation de la Loi des Élections, quel sera celui des Ministres qui osera se charger de défendre cette proposition, dans les Chambres, contre le parti des libéraux? Tous les discours prononcés par les Ministres, en 1817, à l'appui de la Loi, vont leur être vigoureusement rétorqués. On leur rétorquera également tous leurs pamphlets, et tous les articles ministériels dans lesquels, à chaque ligne, le Ministère répète à satiété que cette Loi est un chef-d'œuvre, *qu'elle est la plus forte garantie des libertés publiques.* Le jeudi 26 septembre, lorsque les *Lafayette,* les Benjamin *Constant,* les *Manuel* étaient balottés avec M. *Pasquier,* M. *Decazes,* dans son *Journal des Maires,* criait encore à tous les maires de villes et de campagnes, que la Loi sur les Élections était parfaite. Tous les Ministres sont donc évidemment placés dans une position qui leur commande impérieusement de soutenir leur Loi. Je dis tous les Ministres, parce qu'ils ont voulu l'unité du Ministère ; parce que la Loi des Élections n'est pas un acte passager d'administration publique qui peut se réformer par une ordonnance ; parce qu'elle est au contraire l'œuvre réfléchi et bien contradictoirement discuté de cinq à six Ministres, en quelque sorte solidaires entre eux. Si donc, on voulait proposer la révocation de cette Loi, il est hors de doute qu'il faut changer tout le Ministère. J'aime à croire que quelques Ministres seraient disposés à faire ce sacrifice au salut de la France ; mais il en est parmi eux qui ont tant intrigué pour arriver au faîte de la puissance ! Le moyen de descendre, quand on est monté si haut !

Je sais bien que le Roi peut les éloigner ; mais alors, avec de nouveaux Ministres, il faut nécessairement de nouveaux Préfets et Sous-Préfets à la place de ceux qui, depuis un an, serviles échos du Ministère, ont répété à leurs administrés que la Loi nouvelle est admirable, qu'elle est et sera immuable comme la Charte.

Voilà donc tout-à-la-fois et le Ministère et l'Administration publique bouleversés dans tout le Royaume. Conçoit-on les conséquences de tant d'oscillations, le cahos inextricable où elles plongent les intérêts privés et l'Administration elle-même ? Conçoit-on combien l'Autorité publique s'énerve et se déconsidère dans cette lanterne magique roulante de Ministres, de Préfets et de Sous-Préfets ; combien tous ces changemens désastreux aident merveilleusement les artisans de la guerre civile !

Cependant, nous admettons un changement total du Ministère ; nous admettons qu'au nom du Roi d'autres Ministres viendront naïvement déclarer aux deux Chambres que Sa Majesté a été induite en erreur par les précédens Ministres. Croit-on qu'une pareille déclaration, de quelques belles phrases qu'on cherche à l'envelopper, soit faite pour donner de la considération au trône ?

Les libéraux vous diront avec raison : « Dans un » Gouvernement représentatif, une Loi sur les Élec- » tions est plus qu'une Loi ordinaire. Elle est es- » sentiellement constitutionnelle, puisqu'elle est le » pivot sur lequel roule tout le système de la repré- » sentation. Une pareille Loi doit donc avoir la sta- » bilité et l'irrévocabilité jurée à la Charte, qui n'a » de mouvement et d'action que par elle. »

Ils diront : « Vous prétendez que les derniers Mi- » nistres ont trompé le Roi ; mais ce sont vos nouveaux

» Ministres qui le trompent grossièrement. La Charte
» est l'œuvre de la sagesse et des profondes médita-
» tions du Monarque qui l'a conçue et rédigée, sans
» le concours de ses peuples auxquels il a daigné l'*oc-*
» *troyer* de sa pleine puissance. Qui donc, mieux que
» le Roi, auteur de la Charte, a pu interpréter l'ar-
» ticle 40 de cette Charte, qui appelle de droit tous
» les contribuables de 300 fr. et au-dessus, à l'hon-
» neur de nommer directement les Députés de la
» Chambre ? Quand le Roi nous a dit, en 1817, que
» telle est sa pensée sur cet article fondamental, la
» Loi sur les Élections devient alors fondamentale,
» comme l'article dont elle émane. Nous devons tous
» respectueusement nous soumettre à la pensée du
» Monarque qui exerce, dans cette partie, l'ancienne
» toute-puissance de ses Ancêtres. »

Ils diront encore à leurs adversaires : « Vous pré-
» tendez que le Roi a été trompé sur l'interprétation
» donnée, en 1817, à l'art. 40 de la Charte. Donc
» le Roi n'est pas infaillible. S'il n'est pas infaillible,
» il peut donc se tromper aujourd'hui. Il a pu l'ê-
» tre ou pourra l'être encore sur d'autres articles de
» la Charte ; et dès-lors où est pour la Nation la ga-
» rantie qu'à chaque changement de Ministère on ne
» viendra pas proposer aux deux Chambres des mo-
» difications à la Charte qui la ruineront en dé-
» tail, jusqu'à ce que l'arbitraire de l'ancien régime
» remplace nos libertés publiques ? La Charte a des
» imperfections qui, çà et là, altèrent un peu la beau-
» té de ses formes. Malgré cela, nous respectons la

» Charte. Nous voulons toute la Charte, rien que
» la Charte. Nous sentons avec le Roi que ce n'est pas
» lorsque les passions fermentent, lorsque plusieurs
» partis divisent la Nation et s'entrechoquent, qu'il
» faut songer à perfectionner notre Code constitution-
» nel. Jamais, depuis 30 ans, on n'a touché aux Lois
» fondamentales, sans provoquer de nouvelles crises,
» de nouveaux déchiremens. La Charte a fini la révo-
» lution. C'est le Roi qui l'a dit. Respectons donc la
» Charte, si nous ne voulons pas renouveler la révo-
» lution avec toutes ses calamités. »

Je ne vois pas trop comment il serait possible aux
nouveaux Ministres de riposter à de semblables argu-
mens. Poursuivons.

Dans la session de 1817, les Ministériels réunis aux
Royalistes emporteront, je le suppose encore, la révocation de la Loi des Élections, puisqu'ils y seront
en majorité. A-t-on bien calculé les conséquences de
cette révocation sur l'esprit des moyens-contribuables,
devenus aujourd'hui Electeurs de droit? Il faudra
trancher le mot à leur égard. Il faudra dire qu'ils
sont presque tous des factieux : et croit-on que cette
classe, qui a, grâce au Ministère, la conscience de son
nombre et le sentiment de sa force, que cette classe,
exaltée aujourd'hui par ses succès, endoctrinée par
les libéraux, se laissera impunément écraser et fouler
aux pieds, après avoir été, pendant un an, choyée, ca-
ressée, et portée aux nues par l'ancien Ministère ?
Croit-on que cette classe, qui a vu la puissance politique arrachée des mains des plus fort-imposés, pour

passer dans les siennes, qui vient de faire un si brillant essai de cette puissance, sera disposée à l'abandonner pour la remettre de nouveau aux plus forts contribuables, objets de sa haine et de ses fureurs ? Le jour où ils seront dépouillés du droit d'Élection immédiate, dans chaque village où il y aura un Électeur, il y aura un factieux qui agira sourdement sur la masse des crédules. Il leur dira que le Roi a révoqué sa Charte pour rétablir les Dîmes et les Droits féodaux, les Parlemens et la Noblesse, le Clergé et les Évêques. « Ce qui le prouve, ajoutera-t-il, c'est que
» voilà nos Nobles et nos ci-devant Seigneurs à qui on
» confie de nouveau le droit de nommer les Dépu-
» tés ; c'est que voilà un Concordat, des Bulles du
» Pape, une Dotation du Clergé, etc. — Le Roi
» avait été un moment de bonne foi, en reconnaissant
» qu'il fallait nous investir tous du droit d'élire, pour
» réduire à l'impuissance nos plus dangereux enne-
» mis. Il revient sur sa parole. Nous sommes trom-
» pés ! Nous sommes trahis ! On va nous dépouiller
» de nos biens, pour doter les Prêtres ! etc., etc. »

Comment essayera-t-on d'étouffer ces brandons de guerre civile jetés sur tous les points ? Il faudra plus que jamais entraver la presse, dominer les journaux, fortifier les Cours prévotales, maintenir et même multiplier les lois d'exception. Il faudra mettre en mouvement la force armée, l'augmenter dans ses résidences partielles et la distribuer même sur des points ou elle n'a jamais été fixée. Et bien ! toutes ces mesures seront encore envenimées ; elles ne feront qu'aigrir les passions, et nourrir le feu souterrain. Les factieux diront aux crédules : « Voyez si nous vous » avons trompés! Voilà des soldats dans nos campagnes; » plus de journaux, plus de liberté de la presse. » On veut nous comprimer par la terreur des bayon- » nettes, par les emprisonnemens arbitraires, par » les Cours prévôtales ».

Il est bien difficile de dire où nous conduira cette fermentation excitée sur toute la surface du Royaume, précisément par des hommes qui jusqu'alors n'avoient, pour la plupart, jamais été d'aucun parti, et qui ne sont devenus factieux que par suite des faussses combinaisons du Ministère.

On pourra m'objecter qu'heureusement la loi n'a été jusqu'à présent essayée que dans dix huit dépar- tements (1); que dans les quatre cinquièmes de la France les fermiers, les cultivateurs, les marchands en boutique ne connaissent pas leur force ni leur nom- bre; et qu'à leur égard la loi étant revoquée avant son exécution, elle sera comme si elle n'avait jamais existé.

Cette objection n'est pas sans quelque fondement; mais elle est peu rassurante, au milieu des anxiétés où la loi des élections nous a placés. N'oublions pas que tous les imposés à 300 francs savent aujourd'hui qu'ils sont électeurs de droit; et que les dépouiller de ce privilège avant même qu'ils en ayent usé, n'est

____

(1) Il ne faut pas oublier que l'auteur écrivait en novem- bre 1817.

pas un moyen de les rallier au trône et d'en faire de zélés partisans de la Dynastie. La cupidité et l'orgueil dominent cette classe dans tous les départemens. Elle a les mêmes intérêts révolutionnaires à conserver, les mêmes privilèges à prétendre, les mêmes inquiétudes sur l'avenir, la même aversion pour la Noblesse et le Clergé. De plus, et s'il est vrai que, pour assurer la revocation de la loi, il faille avoir recours aux loix d'exception, cette mesure sans doute sera partielle ; mais alors les autres départemens, qui n'ont point encore nommé de députés, sentiront parfaitement qu'elle est autant dirigée contre eux que contre les 18 départemens qui viennent de nommer les leurs. L'insulte sera donc véritablement commune à tous ; et la révocation de la loi produira-à-peu-près partout la même sensation et les mêmes résultats.

Détournons les yeux d'un avenir effrayant, et supposons maintenant la loi revoquée, sans que l'ordre public ait été compromis. Il n'y a que deux choses à mettre à sa place : 1°. ou l'ancien système électoral, modifié par l'ordonnance royale du 13 juillet 1815, sera provisoirement remis en vigueur, 2°. ou bien on établira un autre système électoral basé sur les deux dégrés.

Toujours, grâces au Ministère, nous ne pensons pas que l'une ou l'autre de ces deux mesures soit aujourd'hui praticable.

En 1er. lieu le rétablissement de l'ancien système modifié par l'ordonnance royale du 13 juillet nous paroît impossible, et voici nos raisons. En 1815, les colléges électoraux de département, créés par Bonaparte et qui avaient pris racine par quinze années d'expérience, sans que leur organisation ait éprouvé la moindre altération; ces collèges dont les membres, après quatre sessions, devenaient de droit Barons de l'Empire, en imposaient par leur force et par leur noble attitude à la moyenne classe des contribuables. Ils étaient sous la protection immédiate de Bonaparte qui avait eu la sage politique de les respecter et de les environner d'une grande considération. La moyenne classe des contribuables, rassemblée dans les Colléges d'arrondissement, était habituée à respecter la suprématie des colléges de département, et même à prévenir leur vœu, précisément parce que les électeurs de département étaient accueillis avec prédilection par le Gouvernement impérial.

Que devait faire le Gouvernement Royal qui lui succédait avec l'intention de conserver tout le systême de son administration publique et toute sa législation ? Il devait se jeter au sein de ces colléges dont presque tous les membres ouvraient les bras au Roi et le portaient dans leur cœur; accroitre la considération politique dont ils jouissoient, en leur confiant sans réserve la destinée du trône et celle de la Dynastie.

C'est ce que le Roi a fait en 1815; aussi il a eu le bonheur d'obtenir une députation qu'il appeloit alors *introuvable*. Une députation *introuvable!* ah! comme on a trompé notre Monarque à cette époque! Non certes, cette députation n'était pas *introuvable*, puisque Napoleon l'avoit trouvée et l'avait conservée !

combien d'électeurs départementaux n'ont cessé de dire, en 1814 et en 1815, que les plus chauds partisans du Roi étaient dans les Colléges de département ! Je l'ai dit, redit, imprimé et réimprimé en 1814 : j'ai parlé dans le désert.

En 1815, le charme attaché depuis quinze ans aux Colléges de Département n'était pas rompu ; la hiérarchie n'était pas brisée. Les Colléges d'arrondissement, que l'Ordonnance royale du 13 juillet avait privés du droit d'Élection immédiate, n'avaient élevé aucune réclamation contre cette mesure ; et l'on a dû remarquer, en 1815, que loin de se mettre en opposition avec les Colléges de Département, dans le choix des Candidats, ils ont devancé avec empressement le vœu des Membres du Collége supérieur, tant ils étaient accoutumés, depuis quinze ans, à la suprématie des Colléges départementaux ! Ce premier succès donnait, à l'observateur réfléchi, la certitude qu'avant peu d'années les Colléges d'arrondissemens seraient totalement déserts ; car n'ayant plus d'Élections directes à faire, mais seulement moitié, où les deux tiers de Candidats à nommer, les Membres de ces Colléges n'auraient pas manqué de reconnaître que leur existence politique était une véritable superfétation ; et c'était là précisément le but secret où devaient tendre tous les Ministres du Roi, s'ils eussent bien connu l'esprit de la Nation ; s'ils eussent été convaincus que la classe intermédiaire des contribuables renferme, en grande majorité, les ennemis les plus acharnés de la religion et du trône. Les Députés de 1816 étaient bien pénétrés de cette situation des esprits lorsque, contre leurs intérêts privés, et uniquement par dévoûment à la Dynastie, ils avaient obtenu que le renouvellement quinquennal n'aurait lieu qu'après cinq années révolues. Cette mesure sauvait le trône, la France et l'Europe. La fatale Ordonnance du 5 septembre a enfanté la Loi plus fatale encore du 5 février sur les Élections. Aujourd'hui, le trône, la Dynastie, la France, la tranquillité de l'Europe, tout est remis en question. Ce que c'est, grand Dieu ! qu'un Ministère a vue courte, appuyé par des agens équivoques ou passionnés !

Le coup mortel porté à la consistance des colléges de département, est l'ouvrage de ces mêmes Ministres. Le nom sacré du Roi qu'ils ont prostitué, les basses et dégoutantes intrigues qu'ils ont ourdies dans les élections de 1816, et qui leur ont assuré la majorité dans la Chambre, ont brisé le talisman, et plongé pour jamais dans une avilissante nullité la classe des plus fort-imposés.

Toutefois cette plaie mortelle pouvait encore n'être pas incurable avant la loi des élections ; mais, depuis le 5 septembre, les passions avaient jeté le Ministère dans un vrai délire. Au lieu de fermer la plaie, il n'a cherché qu'à la déchirer et à l'agrandir, avec la loi sur les élections, et en transférant par elle, dans les colléges d'arrondissement, le lévier politique que Bonaparte avait si sagement confié aux colléges de département. Déjà les colléges de département avaient été, en 1816, humiliés et avilis. On les a dégradés en 1817. Quand on essayerait aujourd'hui de rétablir le régime proscrit par l'ordonnance Royale du 13 juillet, on ne peut plus espérer d'obtenir les résultats de 1815. Les collèges d'arrondissement, irrités de descendre au second rang, après avoir occupé le premier, s'attacheraient, par haine et par vengeance, à nommer pour candidats les hommes les plus audacieux du parti des indépendans, et les collèges de département n'auraient plus que la triste ressource de s'attacher aux moins dangereux. Il est vrai qu'ils auraient à leur disposition immédiate le choix d'un tiers ou de moitié des députés; mais est-il bien démontré qu'aujourd'hui les Royalistes seraient en majorité dans les collèges de département? C'est ce que je ne crois pas, surtout si l'on veut compléter les listes qui, depuis 15 ans, n'ont subi aucune vérification, et ont éprouvé de fortes diminutions par les décès, les absences et les faillites. Pour les compléter, il faudrait admettre de nouveaux riches, qui tous ou presque tous sont attachés au char de la révolution. Je suis convaincu, j'ose affirmer que, dans les départemens riches et peuplés où le luxe et l'impiété ont répandu leurs poisons dans toutes les classes, les listes d'électeurs ne peuvent être complétées qu'avec des Indépendans ou des hommes dominés par les intérêts révolutionnaires. Si cette assertion n'est pas démentie, il faut donc renoncer à l'idée de recourir, même provisoirement, à l'ancien système électoral, modifié par l'ordonnance Royale du 13 juillet 1815.

En second lieu , un nouveau système basé sur les deux degrés serait-il plus praticable ? Evidemment , dans ce nouveau système , les colléges d'arrondissement seraient à jamais proscrits. Le premier degré se composerait de tous les contribuables, depuis le plus bas imposé jusqu'au plus fort. Ce degré choisirait des électeurs , conformément à l'article 40 de la Charte, dans tous les contribuables de 300 fr. et au déssus.

C'était là ce que demandait la minorité de 1816 ; et alors , quoique les choses ne fussent plus entières par suite des odieuses intrigues du Ministère dans les colléges de 1816 , on pouvait pourtant espérer quelque succès de l'introduction des deux degrés dans le système électoral , surtout si le Ministère eût daigné les fortifier par son influence.

Mais les deux degrés ont été fortement demandés par la minorité , et passionnément refusés par le Ministère en 1816 , au nom du Roi. Comment oser les reproduire au même nom , en 1817 ? Ce sera , dit-on , par l'organe d'un nouveau Ministère ; j'en conviens ; mais ce sera toujours au nom du Roi ; et voila le Monarque remis encore de nouveau en contradiction avec lui-même ; inconvénient déplorable !

Je suppose cependant que les deux degrés pourront être adoptés , sans aucun inconvénient pour l'autorité royale. N'oublions pas cet article 40 de la Charte , d'après lequel il suffit de payer une contribution directe de 300 fr. pour concourir à la nomination des

Députés. On ne peut pas sortir de cet article , sans
enfreindre la Charte , sans tout bouleverser. Voilà
donc la classe des contribuables intermédiaires , vrai
foyer des Indépendans , placée sur la même ligne que
celle des plus fort-imposés , vrai foyer des Royalistes.
Mais les contribuables intermédiaires sont à-peu-près
dix, contre trois plus fort-contribuables. Ces dix contribuables intermédiaires sont en relation plus fré-
quente , plus immédiate et plus universelle avec les
petits contribuables qui composeront la majorité du
premier degré. Ils arriveront dans les asssmblées can-
tonales , l'esprit échauffé , le cœur aigri par la révocation d'une loi qui les constituait, en quelque
sorte , les dispensateurs suprèmes de nos destinées. Ils
pervertiront cette dernière classe ; ils la corrompront ,
s'il le faut, à prix d'argent. On ne se fait pas une idée
de l'aristocratie des fermiers dans les campagnes, ni de
l'influence despotique qu'ils y exercent. Elle est plus
insolente et plus dure que ne l'a jamais été l'influence
seigneuriale , au 15ᵉ. siècle. Cette dernière classe
qui , livrée à elle-même ou à l'impulsion des plus fort-
imposés , aurait sauvé la Dynastie , fournira tous Electeurs pris dans la classe intermédiaire. Ceux-ci por-
teront à la Chambre les Lafayette , les Manuel , les
B. Constant et autres qui ne rêvent que la Constitution
de 91 ou la Dynastie impériale. Je suis convaincu que
les Colléges de nos départemens riches et peuplés seront subjugués par les contribuables intermédiaires.
Il ne s'agit plus que d'en faire le calcul.

Je ne crois pas en exagérer le nombre, en le portant

aux deux tiers de nos départemens. Règle infaillible et certaine : partout où vous verrez régner le luxe et l'impiété , vous pouvez dire hardiment : « Là , les » Royalistes sont en minorité ! » Et qui oserait préciser jusqu'à quel point le luxe et l'impiété ont porté leurs ravages dans toutes les classes de la société ? Le luxe y a inoculé la haine de la Noblesse et de toutes les distinctions honorifiques ; l'impiété , la haine du Clergé et de toute espèce d'institutions religieuses. *Haine à la noblesse ! Haine au clergé !* Voilà le mot d'ordre de presque tous les contribuables à 3oo fr. *A bas la noblesse ! A bas le clergé !* C'était le cri de la canaille , dans les cent jours. Où est la différence ?

On cite dans les journaux ministériels les élections d'Angleterre, comme bien plus scandaleuses et plus dégoûtantes, dans leurs détails , que ne le sont les nôtres. Je laisse là les détails ; je touche au fond et je vois qu'en Angleterre les anciennes institutions féodales et religieuses n'ont jamais été ébranlées ni modifiées , dans le cours des révolutions qui se sont succédées. La Noblesse y est encore respectée , et le Clergé y est honoré. J'excepte de cette nation quelques brouillons affiliés aux nôtres et qui sont sans importance. Il n'y a donc point de parité entre les deux peuples.

Je conclus de tout cela qu'il est impossible de révoquer la loi sur les élections, sans donner naissance à des malheurs plus grands encore que ceux qu'elle a produits. Mais alors que faut-il faire ? C'est la troisième question qui reste à résoudre.

IIIᵉ. QUESTION.

« *Que faut-il faire ?*

« Si malgré la nécessité de révoquer la loi des élections, il y a impossibilité de le faire, il faut donc, en conservant cette loi, trouver un moyen de prévenir le danger imminent que présente son exécution.

Pour arriver à cette découverte, j'établis d'abord en principe que l'article 40 de la Charte, machiavéliquement interprété par la loi du 5 février 1817, a voulu créer des Electeurs stables et inamovibles, puisque cette loi a décidé que tout Français, payant 300 francs de contribution directe, était de plein droit Electeur.

Je fais ensuite remarquer que ces mots *contribution directe* sont employés au *singulier* dans l'article 40 de la Charte ; ce qui donnait une grande latitude aux rédacteurs de la loi organique à intervenir sur cet article. Ainsi, ils auraient pu, sans violer la Charte, n'admettre, comme titre au droit d'élire, que le paiement d'une seule contribution ; par exemple, celui de la contribution foncière.

L'art. 1ᵉʳ. de la loi a étendu cette disposition constitutionnelle, en déclarant Electeur de droit tout Français payant 300 fr. de *contributions directes*, c'est-à-dire, en stipulant au *pluriel*, ce que la Charte n'avait exprimé qu'au *singulier*.

Il semblait qu'aussitôt après cet article, la loi allait

spécifier la nature des contributions directes dont le paîement engendrait un aussi beau privilège. Point du tout, elle est restée muette. De simples dispositions réglementaires et ministérielles ont suppléé à son silence. Ce n'est ni la Charte, ni la loi qui ont appelé aux Colléges électoraux les patentables, les individus payant l'impôt des portes et fenêtres, la subvention de guerre, les centimes additionnels; c'est tout simplement un Ministre de Sa Majesté.

La question de savoir quels sont les contribuables Electeurs de plein droit est donc encore aujourd'hui à résoudre; et certes elle est assez grave pour n'être résolue que par une loi.

Si l'on est forcé de convenir que le titre d'Electeur est invariable et permanent, il faut donc que les *contributions directes* dont il émane réunissent le même caractère; d'où je conclus que l'article 40 de la Charte et l'article 1er. de la loi ont entendu nécessairement écarter les contributions temporaires et variables pour ne s'arrêter qu'aux seules contributions perpétuelles et fixes. Or, peut-on ranger dans cette dernière catégorie,

1°. Les centimes additionnels aux contributions foncière, personnelle et mobilière qui varient tous les ans, suivant les besoins imprévus de l'Etat et ceux des localités;

2°. La subvention de guerre qni, d'après la Loi de sa création, devait cesser à la paix générale, et qui n'a été maintenue, depuis la Restauration, que pour payer les frais occasionnés par la défection et le parjure;

3°. Les patentes, qui varient suivant les lieux et suivant leur objet ; qui peuvent, à chaque trimestre de l'année, être augmentées ou diminuées, sur la seule déclaration spontanée et non vérifiée du patentable, tellement que, si j'avais six laquais dont je voulusse faire autant d'Électeurs, avec 450 fr,, formant le quart de six patentes de première classe, j'ai six voix ma disposition dans un Collége électoral ;

4°. Et enfin, l'impôt des portes et fenêtres qui, par la Loi de sa création, ne devait pas, plus que la subvention de guerre, être maintenu après la paix générale ; impôt révoltant et contre nature ; impôt variable de son essence plus que tous les autres, puisqu'il suffit d'ouvrir ou de condamner quelques fenêtres sur la rue, pour être ou pour n'être pas Électeur ?

Non, l'on ne supposera jamais que l'auteur de la Charte, pas même les auteurs de la Loi des Élections aient entendu fonder le droit politique le plus important, celui d'élire des Députés, sur des bases aussi provisoires, aussi mouvantes, aussi fugitives ; et il faut décider que le droit d'élire les Députés repose et ne peut reposer que sur des contributions permanentes, définitives et fixes.

Quelles sont, dans notre Code financier, les contributions de ce genre ? Il n'y en a que de deux espèces : 1°. le principal de la contribution foncière ; 2°. le principal de la contribution personnelle et mobilière. Depuis 1791, époque de leur création jusqu'à ce jour ces deux sortes de contributions, en principal, n'ont jamais varié. Toutes les Lois financières qui se sont succédées annuellement, depuis 1791 jusqu'à ce jour, les ont maintenues dans leur quotité première et dans leur application. D'après ce court exposé, auquel je pourrais donner de bien plus grands développemens, je maintiens que, sous ce premier point de vue, la Loi est incomplète, et je propose un premier article additionnel à cette Loi, lequel serait ainsi conçu :

PREMIER ARTICLE ADDITIONNEL.

« *Les Contributions directes, mentionnées en l'article* Ier
» *de la ʼ oi, et dont le paiement devra être justifié pour être*
» *ʼlecteur de droit, s'entendent seulement du principal des*
» *Contributions foncière ; personnelle et mobiliaire réunies.* »

Je ne me dissimule pas que cet article additionnel va opérer une diminution sensible dans le nombre des Électeurs ; mais cet inconvénient (auquel j'indiqueraï tout-à-l'heure le remède) signale lui-même, dans la Loi des Élections, d'autres lacunes qui démontrent l'imprévoyance et la légèreté avec laquelle elle a été conçue.

La Constitution consulaire de l'an VIII, art. 31, avait fixé le nombre des Députés en ces termes :

« Le Corps Législatif est composé de 300 Membres,
» âgés de 30 ans au moins. Ils sont renouvelés par
» 5e. tous les ans. »

Le Sénatus-Consulte du 16 thermidor an X, organique de cette constitution, procédant à la distribution, sur tous les départemens de France, du nombre de Députés fixé par l'acte constitutionnel, avait statué, art. 69 :

« Chaque département aura, dans le Corps-Légis-
» latif, un nombre de Membres proportionné à l'é-
» tendue de sa population, conformément au tableau
» annexé (au Sénatus-Consulte). »

La Charte, à l'instar de la Constitution consulaire, a dit, art. 36 : « Chaque département aura le même
» nombre de Députés qu'il a eu jusqu'à-présent. » Et art. 37, elle a dit : « Les Députés seront élus pour
» cinq ans, et de manière que la Chambre soit re-
» nouvelée chaque année, par cinquième. » Depuis la promulgation de la Charte, qui date du mois de juin 1814, jusqu'à la Loi des Élections, du 5 février 1817, nulle disposition organique n'étant intervenue sur les art. 36 et 37 de la Charte, on a suivi les erremens fixés par le Sénatus-Consulte du 16 thermidor an X, avec d'autant plus de raison, que sur ce point la Charte n'était que la répétition littérale de la Constitution consulaire (1).

____

(1) Une foule d'hommes irréfléchis croyent de bonne foi qu'on peut, sans violer la Charte, augmenter le nombre des Députés. Je défie tout homme de bon sens de sortir du texte des articles 36 et 37 de la Charte, identifiés à l'article 31 de la Constitution de l'an 8, et à l'article 69 des Sénatus-Consulte du 16 thermidor au 10, sans être un second *Escobar*, et de plus sans donner un démenti insolent au Roi lui-même, qui dans ses Ordonnanees des 13 juillet 1815, et 5 septembre 1816, portant toutes deux convocation des Chambres, s'est conformé littérallement à la constitution de l'an 8, et au Sénatus-Gonsulte de l'an 10.

Enfin, la Loi organique des art. 36, 37 et suivants de la Charte est présentée aux Chambres, en 1817. On devait croire qu'elle contiendrait, comme le Sénatus-Consulte du 16 thermidor an X, une disposition qui fixerait arithmétiquement le nombre de Députés virtuellement déterminé par la Charte, et qui en ferait en même temps la répartition sur tous les départemens, suivant un état qui aurait été annexé à la Loi. Cette disposition était d'autant plus indispensable que, d'après l'art. 20 de la Loi présentée, on voulait abroger, et l'on a effectivement *abrogé les Lois, Décrets et Réglemens antérieurs.* Cependant il n'en a pas été question; et, chose inconcevable! il ne s'est pas trouvé dans les deux Chambres un seul orateur qui se soit aperçu de cette omission. Ainsi aujourd'hui, au moyen de l'abrogation générale et sans réserve, prononcée par l'art. 20 de la Loi des Élections, il n'y a que le nombre des Députés qui soit virtuellement fixé par l'art. 36 de la Charte; mais la répartion de ce nombre est encore à faire.

A la vérité, l'art. 36 dit que *chaque département devra avoir le même nombre de Députés qu'il a eu jusqu'à-présent.* En d'autres termes, cet article veut que le nombre des Députés n'excède pas celui fixé par la Constitution de l'an VIII, et le Sénatus-Consulte de l'an X; d'où il semblerait naturel de conclure qu'on peut élire aujourd'hui 300 Députés. Cette conséquence serait juste, si l'état de la France eût été, en 1814, ce qu'il était en l'an X. A cette dernière époque, la France se composait de 102 Départemens;

aujourd'hui elle n'en a plus que 86. Cependant , je consens à donner au texte de la Charte la plus grande latitude , et j'admets qu'on peut , sans la violer , porter le nombre des Députés à 300 ; mais , quoiqu'on en dise , la répartition de ce nombre restera toujours à faire ; et c'est là précisément l'une des graves lacunes que je signale aujourd'hui dans la Loi des Élections.

Je sais bien que , jusqu'a ce jour , cette lacune a été remplie par des ordonnances Royales et des instructions Ministérielles ; mais je soutiens en même-temps qu'en agissant de la sorte le Gouvernement a excédé ses pouvoirs. Ce n'était point par des réglemens d'exécution que Buonaparte , le plus grand de tous les despotes , avait organisé la Constitution de l'an 8 ; c'est par le concours du premier Corps de l'É-tat. C'était donc avec le concours des deux Chambres qu'un Gouvernement libre et constitutionnel devait organiser les art. 36 , 37 et suivans de la Charte.

Maintenant, sur quelle base devra-t-on s'appuyer pour attribuer à chaque département son contingent arithmétique dans les trois cents Députés, formant le *maximum* numérique fixé par la Charte ? Cette base était indiquée dans l'article 69 du Sénatus-Consulte de l'an 10. « Chaque département , y est-il dit , aura dans » le Corps-Législatif un nombre de Députés propor- » tionné à l'étendue de sa population. » Mais si la population détermine le nombre des Députés , il faut aussi qu'elle détermine le nombre des Électeurs , parce que les effets doivent être proportionnés à leurs causes. C'est ce qui a été très-sagement observé dans le Sénatus-Consulte de l'an 10 , dont les art. 18 et 19 sont ainsi conçus :

« Les Colléges électoraux d'arrondissement ont un
» membre pour cinq cents habitans domiciliés dans
» l'arrondissement ; le nombre des membres ne peut
» excéder deux cents, ni être au-dessous de cent-vingt
» (art. 18.)

» Les Colléges électoraux de département ont un
» membre par mille habitans domiciliés dans le dé-
» partement ; et néammoins ces membres ne peuvent
» excéder trois cents ni être au dessous de deux cents
» (art. 19)».

Cette base de population , qui, avant la Charte, avait servi à fixer le nombre des Députés et celui des Électeurs, ne se retrouve pas dans la Loi des élections, et aucune autre n'y est indiquée pour la remplacer. Les lois, décrets et reglemens antérieurs à la Charte se trouvent abrogés par l'article 20 de la Loi des élec- tions Il en résulte que , si l'on veut , la Chambre des Députés pourra bien être composée de trois cents mem- bres au *maximum* ; mais qu'à l'exception de ce point arithmétique , tout le reste tombe dans l'arbitraire. On ne sait pas comment les trois cents membres seront ré- partis sur chaque département ; de combien d'Électeurs chaque Collége départemental devra être composé pour nommer son contingent de Députés ; ni de com- bien sera le contingent lui-même.

Si dans un département de 200,000 âmes , je sup- pose, il n'y a que 50 Contribuables payant 300 fr. de contributions directes ; et si de ce nombre on dé-

falqúe les femmes veuves, les filles, les malades, les
infirmes et les insoucians, je ne serais pas étonné
que 25 Électeurs, tout au plus, ne demeurassent char-
gés seuls de nommer les députés d'un département de
200,000 âmes. Et cependant ce département, sous
la législation antérieure à la Charte, et abrogée par la
Loi des élections, aurait pu avoir mille Électeurs, savoir deux cents dans son Collége principal, et pareil
nombre dans chacun de ses quatre Colléges secondai-
res (1).

Il y a plus, il faut, d'après l'art. 38 de la Charte,
» que le Député, pour être admis dans la Chambre,
» paye une *contribution directe* de mille francs ». Une
contribution directe. La Charte employe encore ici
ces deux mots au *singulier*. J'admets que la Loi des
élections qui s'exprime au *pluriel* sur ce point, comme
elle l'a fait pour les Électeurs, a entendu comprendre
toutes les contributions directes ; en ce cas, et d'a-
près les raisons que j'ai déjà déduites, il ne peut être
question que du principal seulement des contributions
foncière, personnelle et mobilière. Mais si, dans
le Collége du département que je viens de supposer
n'être que de 25 Électeurs, il n'y a pas un seul in-
dividu payant, en principal, mille francs de contribution foncière, personnelle et mobilière ; voilà donc
un département réduit à l'impossibilité de nommer

---

(1) Je suppose, dans mon calcul, le département divisé en
4 arrondissemens.

un seul Député. Cet inconvénient n'existait pas sous
l'ancienne législation, qui ne prescrivait d'autres conditions d'éligibilité que d'être citoyen français, et
âgé de 30 ans.

Poussons encore plus loin notre hypothèse, et supposons que, parmi les 25 Électeurs composant le Collége électoral du même département, il se trouve deux
éligibles seulement, bien connus pour être dévoués au
Ministère. Combien de Députés les 25 Électeurs au-
ront-ils à nommer? La loi ne s'explique pas sur ce
point... Je sais que jusqu'à présent le Gouvernement
a suppléé arbitrairement à ce silence; mais alors,
comme il n'est lui-même dirigé ni commandé par
aucune base légale de répartition des 300 Députés,
maximum constitutionnel, il peut opérer cette répartition comme il lui plaira. Et s'il lui convient d'attribuer au département dont je parle deux Députés,
voilà dès-lors les deux éligibles qui lui sont dévoués,
Députés *de plano*, sans qu'il ait été besoin d'aller au
scrutin. Le Ministère aura dispensé les Électeurs de
cet embarras, en nommant lui-même ses deux créa-
tures.

Ce sont là, sans doute, des lacunes bien importantes et qu'il est urgent de remplir par quelques articles additionnels, sans quoi notre système électoral n'est qu'une chimère, malgré les clameurs des Libéraux, qui y trouvent la Charte toute entière. Que
dis-je! Beaucoup mieux que la Charte, car si demain
on leur proposait d'opter entre la loi et la Charte; vous
les verriez crier à l'unisson : *La Loi des élections!*
comme les Juifs criaient : *Crucifigatur !*

Sans doute, la Loi des élections, en n'appelant aux fonctions d'Électeur que les seuls contribuables payant 3oo francs en principal de contribution foncière, personnelle et mobilière, ne produirait que des Colléges bien incomplets pour le nombre ; mais aussi la Charte dont on a voulu faire dériver des élections de droit, n'a pas, fort heureusement, limité le nombre des Électeurs. Cette limite, qui aurait pu être posée dans la Charte, doit donc l'être par les trois pouvoirs qu'elle a organisés. Et alors s'élève une grande et belle question de droit public, celle de savoir sur quelle base on devra fixer le nombre des Électeurs, à laquelle se rattachera, par suite et comme question secondaire, la base de répartition du nombre des Députés fixé par la Charte ? Adoptant l'ancienne législation, devra-t-on combiner exclusivement la base de population avec celle des contributions directes ? Si la majorité des Pairs et des Députés consacre cette base ainsi combinée ; alors voici les articles supplémentaires qu'il faudrait ajouter, suivant moi, à la Loi des élections :

DEUXIÈME ARTICLE ADDITIONNEL.

« *Si le nombre des Électeurs de droit formant le Collége*
» *départemental, est inférieur à celui qui résulterait de la*
» *population du département, à raison d'un Électeur par*
» *mille habitans, le Collége électoral sera complété, en pre-*
» *nant les plus imposés aux contributions directes en prin-*
» *cipal après les contribuables, Électeurs de droit.* »

TROISIÈME ARTICLE ADDITIONNEL.

« *La Chambre des Députés est composée de trois cents*

» *Membres, âgés de quarante ans, citoyens Français, et*
» *payant au moins mille francs en principal seulement de*
» *Contributions foncière, personnelle et mobiliaire réunies.* »

QUATRIÈME ARTICLE ADDITIONNEL.

« *La répartition des trois cents Députés sur les Départe-*
» *mens, sera opérée proportionnellement à l'étendue de leur*
» *population respective, et conform'ment au tableau an-*
» *nexé à la présente Loi.* »

CINQUIÈME ARTICLE ADDITIONNEL.

« *Si, dans un Département, le nombre des Éligibles,*
» *réunissant les conditions prescrites par l'art. 3 ci-dessus,*
» *n'est pas triple (1) au moins de celui des Députés attribués*
» *audit Département, la liste des Éligibles sera complétée*
» *en prenant jusqu'à due concurrence, après les Éligibles de*
» *droit, les plus fort-imposés en principal des contributions*
» *directes.* »

Il est aisé de se convaincre que l'adoption de ces
divers articles additionnels, dont j'abandonne d'ailleurs la rédaction à des mains plus habiles, remplira
les principales lacunes de la Loi des Élections ; mais
elle va soulever tous les patentables, et notamment
tous ces stupides publicistes qui placent l'industrie
au-dessus de la propriété. Oui, je conviens franchement que si notre système électoral est ainsi complété,

---

(1) On peut adopter toute autre proportion qu'on jugera
plus utile. Ici je propose le nombre *triple* parce que nécessairement il doit y avoir, dans chaque département, plus
d'éligibles que de Députés à nommer.

le commerce et l'industrie , les sciences et les arts ne seront peut-être pas suffisamment représentés dans nos Colléges électoraux ; mais alors , et sans toucher au mode de représentation établi en faveur de la propriété par la Loi des Élections , et par les articles qui doivent la compléter , où serait l'inconvénient d'augmenter le nombre des Électeurs , puisque la Charte ne l'interdit pas ?

Ceci nous conduit à l'examen d'une autre question bien autrement importante que toutes celles dont je viens d'occuper le lecteur.

Il est juste que le commerce , l'industrie , les sciences , les arts et même les métiers soient représentés ; mais le seront-ils en prenant pour base le nombre des individus ? ou bien , comme le réclament de toutes parts les bons esprits , rétablira-t-on les Corporations , les Communautés d'arts et métiers , qui , chacune , députerait au Collége électoral un certain nombre d'Électeurs sagement fixé ?

Cette question me mènerait trop loin. Son importance et son étendue prouvent qu'elle doit être long-temps murie et méditée. Si , comme je le desire vivement , le Gouvernement se détermine à rétablir les Corporations et les Communautés , en les mettant en harmonie avec la charte , alors , il fixera dans le même projet de loi la nature et l'étendue des droits politiques dont chaque Corporation ou Communauté devra être collectivement investie. On conçoit qu'une pareille loi ne peut pas être proposée , et encore moins discutée dans le cours de la pré-

sente session. Cependant, il faut sans délai compléter la loi des élections de manière à neutraliser
ses désastreuses conséquences ; il faut étayer la Monarchie qui s'écroule. Dans mon opinion, j'ai la confiance qu'avec les cinq articles additionnels ci-dessus indiqués, le mal sera, sinon déraciné, au moins
stationnaire. Il ne faut pas s'abuser ; nous aurons
peut-être trop de départemens dont les Collèges électoraux seront encore dominés par les incorrigibles
ennemis de l'autel et du trône. Je pourrois citer ici
plusieurs départemens qui se trouvent dans ce cas,
parce que, dans ces mêmes départemens, le Clergé
avait des propriétés immenses, et parce qu'aujour-
d'hui, par suite d'une sanglante persécution contre
les Prêtres, les campagnes, dans ces contrées, y sont
totalement dépourvues d'instructions religieuses. Malgré cela, j'aime encore à me persuader que la majorité
des départemens ne ressemblera point à ceux que j'indique.

D'ailleurs j'ai démontré, sur la deuxième question,
qu'il fallait un nouveau Ministère pour espérer de
faire adopter aux chambres des modifications à la Loi
des élections. Ce Ministère sans doute sera royaliste ;
il est impossible qu'il ne le soit pas. Son influence
sur les mominations subséquentes viendra seconder
les efforts de tous les bons et loyaux électeurs ; et
si la Providence n'a point abandonné l'Empire des
Lys, elle nous sauvera pour la troisième fois.

Toutefois, et pour faciliter l'adoption des nouvelles propositions que j'indique, il faut ôter aux

mécontens et aux factieux le plus léger prétexte de déclamations ; et il me semble qu'en attendant une législation définitive sur les Corporations et Communautés, on peut dès à présent accorder une représentation provisoire aux patentables dans les collèges électoraux.

Tous les patentables appartiennent au commerce, à l'industrie, aux arts et aux métiers. Comme patentables, ils sont organisés en assemblée primaire dans les principales villes commerçantes du royaume, pour nommer annuellement des juges au tribunal de commerce. La loi additionnelle pourrait déterminer un certain nombre d'Électeurs, en proportion du nombre des patentables domiciliés dans le ressort de chaque tribunal de commerce légalement créé. Les Électeurs seraient nommés dans les assemblées primaires, à l'instar des juges de commerce et sans autre condition que celle d être âgé de 30 ans et citoyen français.

Ce mode d'élection établit, il est vrai, un premier degré ; mais aussi il faut remarquer que, dans le système électoral dont je propose le complément, toutes les élections de droit sont épuisées, et que c'est uniquement à leur égard que le premier degré est proscrit. Si les trois Pouvoirs, impuissans pour diminuer le nombre des élections de droit, se concertent pour y ajouter un certain nombre d'hommes élus, la Charte n'y met pas obstacle ; et ils sont maîtres de déterminer le mode d'élection, ainsi que les conditions d'éligibilité de ces auxiliaires.

La Loi des élections, imparfaite comme elle est, a donné naissance à un grand et nouveau procès entre le Gouvernement de droit et le Gouvernement de fait. Si la loi subsiste encore trois ans, telle qu'elle est, et sans aucune disposition additionnelle ou complémentaire, le procès est perdu. La quatrième série de nos députés perdra la Monarchie et les Français.

Paris, ce 15 novembre 1817.

P. S. En relisant aujourd'hui, ce que j'écrivais, il y a deux ans, sur ma troisième Question, je ne me dissimule que mon travail n'offre qu'une simple ébauche sur la matière. Les deux nouvelles épreuves que la Loi des Élections a subies, par la convocation des deuxième et troisième séries, ont singulièrement aggrandi le champ de la discussion. J'ai bien moins de confiance maintenant dans le succès des palliatifs que j'indique, que je n'en avais il y a deux ans. Quand je vois qu'aux dernières Élections, sur vingt Colléges, deux seulement ont fourni des Députés royalistes, je frémis... et je suis tenté de m'écrier : « Le mal est ir-
» rémédiable. La Loi des Élections, avant deux ans,
» tuera le système représentatif en France, tuera la
» Charte, tuera la Monarchie ! »

Cependant, je publie mon opinion, malgré que j'en sente l'insuffisance. Je m'applaudirai de cette publicité, si elle a suggéré, à des hommes plus habiles, des mesures plus efficaces que celles qui circulent ne ce moment, et auxquelles, en vérité, je ne puis pas accéder. On parle d'établir des Colléges inférieurs et un Collége supérieur, dans chaque Département. Les inférieurs seront peuplés par les Contribuables depuis 3oo fr. jusqu'à 1ooo fr. ; le Collége supérieur le sera des Contribuables de 1ooo fr. et au-dessus. Je supplie les auteurs de cette étrange proposition de vouloir bien se rappeler que la Charte a créé une Chambre des Pairs, vrai siége de l'aristocratie et de la grande propriété ; je les prie ensuite de voir si leur système ne les conduirait pas, sans qu'ils s'en doutent, à organiser légalement la guerre civile dans les Départemens, entre les Propriétaires nouvéaux et les Propriétaires anciens, entre les *aristocrátes* et les *démocrates* de 1791.

FIN.

www.ingramcontent.com/pod-product-compliance
Lightning Source LLC
Chambersburg PA
CBHW061640060726
47597CB00005B/1980